# Erstaunliche Tiere

### Was hat sich Gott wohl dabei gedacht?

Alejandro Algarra / Frank Endersby
Deutsch von Daniela Anochin und Christiane Kathmann

SCM

# Inhalt

# Radschläger

Wusstest du, dass nur männliche Pfauen so einen wunderschönen Federschwanz haben? Er besteht aus etwa 200 Federn, die alle ein tolles Muster haben und wie mehrfarbige Augen aussehen. Wenn ein Pfauenhahn eine Henne auf sich aufmerksam machen will, dreht er sich zuerst von ihr weg. Dann wirbelt er schnell herum und breitet seine Federn aus wie ein großes Rad.

**Gott hat die Natur wunderschön gemacht. Und dich auch!**

4

# Wächter

Wusstest du, dass in einer Herde nie alle Giraffen gleichzeitig trinken? Weil sie so groß sind, müssen Giraffen ihre Hinterbeine beugen und ihre Vorderbeine ganz weit auseinanderstellen, um ihren Kopf zum Wasser zu strecken. In dieser komischen Position können sie leicht angegriffen werden. Deshalb stehen einige von ihnen als Wächter in der Nähe der Wasserstelle. Wenn ein Löwe kommt, warnen sie die anderen.

**Die Giraffen passen gut aufeinander auf wie eine Familie. Möchtest du Gott für deine Familie Danke sagen?**

8

# Alle in einer Reihe

Spitzmäuse sind richtige Flitzer. Sie sind immer auf der Suche nach Insekten oder Fliegen, um sie zu fressen. Wenn die Babys groß genug sind, nimmt die Mama alle mit in den Wald. Die ganze Mäusefamilie bildet eine Reihe. Weil sie keine Hände haben, beißt sich jedes Kind am Schwanz der vorderen Maus fest. Mama Maus läuft ganz vorne und zeigt, wo es langgeht. So kann keiner verloren gehen!

**Wenn du Jesus folgst, bist du immer auf dem richtigen Weg.**

# Ameisen?
## Mmh, lecker!

Der Ameisenbär hat eine besondere Schnauze, die wie ein Rohr geformt ist. Dafür hat er keine Zähne und die braucht er auch nicht. Mit seinen starken Krallen buddelt er Löcher in Ameisenhaufen. Dann schnappt seine lange, klebrige Zunge die Ameisen.

Der Ameisenbär kann mit seiner Zunge und seiner Schnauze besonders gut Ameisen fangen. Schau mal, was Gott dir gegeben hat: Augen, Ohren, Nase, Hände. Was kannst du damit alles machen?

# König der Lüfte

Adler fliegen hoch in der Luft über den Bergen und Bäumen. Sie sind schneller als Autos und haben sehr gute Augen. Adler sehen Kaninchen aus mehreren Kilometern Entfernung und erkennen jedes Detail. Sie können auch viel mehr Farbtöne wahrnehmen als wir Menschen.

Gott kann Dinge sehen, die wir Menschen nicht wahrnehmen. Deshalb weiß er immer, wie es dir geht.

13

# Laufwunder

Krebse laufen seitlich mit ihren acht Hinterbeinen. Die Vorderbeine sind wie Scheren geformt. Damit schneiden sie ihre Nahrung klein. Wenn sie mal ein Bein verlieren, wächst es bei der Häutung wieder nach. Ihr Panzer ist steinhart und sie können bis zu 100 Jahre alt werden. Es gibt sogar Krebse, die nie schlafen!

**Wusstest du, dass Gott niemals müde wird? Deshalb kann er besonders gut auf dich aufpassen.**

# Seide

Spinnen können mit ihrer Spinnenseide viele verschiedene Sachen machen. In ihrem Rücken sind Drüsen, aus denen die Seide herauskommt. Eigentlich ist die Seide flüssig, aber in der Luft wird sie fest. Spinnen bauen damit Spinnenweben oder wickeln Fliegen ein, die sich im Netz verfangen haben. Einige Fäden sind klebrig, aber die Spinne weiß genau, auf welchen Fäden sie laufen kann, ohne kleben zu bleiben.

**Wie gut, dass Gott sich nie vertut.
Er weiß genau, was richtig ist.**

# Hamsterbäckchen

Hamster sind kleine Nagetiere. Sie leben in Europa und Asien. Sie sehen aus wie Mäuse mit sehr kurzem Schwanz. Hamster lieben es, Nüsse und Samen mit ihren Zähnen zu knacken. In ihren Backen haben sie ganz viel Platz, um Futter zu sammeln. Dann müssen sie nicht zweimal laufen. Wie schlau! Hamster sind übrigens nachtaktiv und schlafen am Tag.

**Wir müssen keine Vorräte sammeln wie die Hamster. Gott hat versprochen, dass er uns jeden Tag genug gibt. Deshalb brauchen wir uns keine Sorgen zu machen.**

# Fleißige Angler

Hast du schon einmal eine Seemöwe gesehen? Diese Vögel haben lange, leichte Flügel. Damit fliegen sie federleicht über das Meer auf der Suche nach leckerem Essen. Wenn sie einen Schwarm Fische an der Wasseroberfläche sehen, stürzen sie sich hinab aufs Wasser. Sie schnappen sich einen Fisch und bringen ihn zu ihrem Nest, um ihn zu essen.

**Gott gibt uns viele leckere und gesunde Nahrungsmittel. Was ist dein Lieblingsessen?**

# Auf Schatzsuche

Eichhörnchen haben einen langen, buschigen Schwanz und wohnen in Baumhöhlen. Am liebsten turnen sie auf Ästen herum. Aber sie suchen auch gern auf dem Boden nach leckerem Essen. Eichhörnchen sammeln Nüsse, Eicheln, Bucheckern und Kastanien. Dann verstecken sie ihr Futter in der Erde wie einen Schatz.

**Die Bibel ist ein echter Schatz.**
**Du kannst darin entdecken,**
**wie sehr Gott dich liebt.**
**Was ist deine**
**Lieblingsgeschichte**
**aus der Bibel?**

# Gut geschützt

Der Kugelfisch schwimmt normalerweise sehr langsam, aber wenn Gefahr droht, ist er ganz flink. Er schwingt dann einfach seinen Schwanz schnell hin und her. Wenn er viel Wasser schluckt, kann er seinen Körper zu einer großen Kugel formen. Und wenn ihn doch mal ein Feind beißt, wird er das bald bereuen, denn Kugelfische sind sehr giftig!

**Gott hat uns auch eine Waffe gegeben – das Gebet. Wenn uns etwas stört, können wir zu Gott beten und es ihm sagen.**

# Der größte Vogel der Welt

Der Strauß ist der größte Vogel der Welt und legt die größten Eier. Er ist so riesig und schwer, dass er nicht fliegen kann. Wenn ein Strauß dich besuchen würde, würde sein Kopf bis zur Zimmerdecke reichen! Er hat schwarz-weiße Federn und sehr lange, starke Beine. Damit kann er schneller rennen, als ein Auto in der Stadt fahren darf!

Der Strauß kann nicht fliegen, aber dafür ist er superschnell. Was kannst du besonders gut? Gott gibt jedem Menschen etwas, was er gut kann.

# Schleichkünstler

Der Fuchs gehört zur Familie der Hunde und Wölfe, aber er sieht ganz anders aus. Seine Schnauze ist lang, er hat spitze Ohren und ein wunderschönes rotes Fell. Füchse können besonders gut schleichen und wohnen in einem Bau unter der Erde. Fuchswelpen können am Anfang überhaupt nichts sehen oder hören. Bei ihrer Versorgung helfen die anderen Füchse im Rudel mit.

**Gottes Kinder sind eine große Familie. Gott freut sich, wenn wir einander helfen!**

# Ein gutes Versteck

Rehe leben in Wäldern. Wenn sie geboren werden, haben sie keinen eigenen Geruch. So können Wölfe sie nicht erschnuppern und wissen nicht, wo sie sind. Ihr Fell ist braun mit weißen Punkten. Das ist sehr praktisch. Es erinnert an die Blumen im Wald und hilft den Rehkitzen, sich zu verstecken. Rehe können riechen, wenn sich ihnen Gefahr nähert.

Rehe verstecken sich, wenn sie Angst haben. Wenn du Angst hast, kannst du zu Gott beten. Gott hört dich immer und hilft dir.

Gute Schwimmer

Wusstest du, dass Pinguine nicht fliegen können? Dafür können sie richtig gut schwimmen und tauchen. Auf ihren Federn haben sie eine Fettschicht. Damit bleiben sie trocken und warm. Im Wasser sind sie blitzschnell und machen Rollen. An Land watscheln sie oder springen, um schneller zu sein. Manchmal rutschen sie auch auf dem Eis.

**Manche Tiere sind wirklich komisch. Haben Flügel, aber können nicht fliegen! Doch Gott wollte sie so und er hat ihnen andere Fähigkeiten gegeben. Dich wollte Gott auch genau so, wie du bist!**

34

# Ein gutes Team

Der Wolf ist ein guter Jäger, denn er kann gut riechen und hören.
Meistens jagen Wölfe als Team. Das Rudel besteht aus einem
Paar, seinen Kindern und den Welpen. Wölfe heulen, jaulen und
bellen, um miteinander zu sprechen. Ob ein Wolf gut gelaunt,
ängstlich oder wütend ist, erkennt man an seinem Schwanz,
den Ohren und der Schnauze.

Wie zeigst du anderen, wie es dir geht?
Egal, ob du fröhlich oder traurig bist: Gott weiß es.
Er möchte sich mit dir freuen und dich trösten.

# Nachtaktiv

Nachts kommt die Eule aus ihrem Nest.
Es ist Zeit für die Jagd. Die Eule kann
sehr gut hören. Wenn sich eine
Feldmaus bewegt, hört sie ihre Schritte
im Gestrüpp, auch wenn sie sie nicht
sieht. So weiß die Eule genau, wo die
Maus ist. Ganz leise fliegt die Eule im
Sturzflug hinab. Lauf schnell weg,
kleine Maus, sonst fängt sie dich!

**Die Eule hört die leisesten
Geräusche, aber Gott hört
sogar Gebete, die gar nicht
laut gesprochen, sondern
nur gedacht werden.**

# Ein weißer Riese

Eisbären leben am Nordpol. Sie verbringen fast ihr ganzes Leben auf dem Eis. Im Winter bauen die Eisbärinnen Höhlen im Eis. Dort bringen sie ihre Babys zur Welt und schützen sich vor der Kälte. Eisbären haben eine dicke Fettschicht, deshalb frieren sie nicht. Unter ihren Hinterpfoten wächst Fell, so rutschen sie auf dem Schnee nicht aus. Außerdem sind Eisbären sehr gute Schwimmer.

Gott gibt den Tieren genau das, was sie brauchen. Er sorgt auch dafür, dass du alles hast, was du brauchst. Bitte ihn darum.

# Brieftauben

Wusstest du, dass sich Tauben Wege merken können?
Bevor es Radios, Telefone oder Computer gab, wurden sie
sogar als Postboten eingesetzt. Dafür brachte man sie in
eine andere Stadt und schickte sie mit einer
Nachricht los, die zusammengerollt an ihrem
Bein festgebunden war. Die Taube flog nach
Hause und ihr Besitzer konnte die Nachricht lesen.

**Die beste Nachricht der Welt steht in der Bibel:
Gott liebt dich und möchte dein Freund sein.**

# Schlaf gut, liebes Murmeltier

Murmeltiere leben oben auf den Bergen in tiefen Höhlen. Sie wohnen mit der ganzen Familie in einem Bau und verstecken sich darin vor Feinden. Dort verbringen sie auch ihren Winterschlaf. Im Sommer fressen sie eine Menge Heu, Wurzeln und Blumen. So bekommen sie ihren Winterspeck, den sie brauchen, um die sieben bis neun Monate Schlaf zu überleben. Das ist ein sehr langes Nickerchen!

**Gott passt auf dich auf.
Deshalb kannst du ruhig schlafen gehen.**

# Kleine
# Gartenhelfer

Für die kleinen Marienkäfer müssen Pflanzen wohl aussehen wie ein Wald. Die Käfer und ihre Larven sind wie Mini-Löwen im Mini-Wald. Sie fressen unendlich viele Blattläuse. Darüber freuen sich die Gärtner, denn Blattläuse machen die Pflanzen kaputt. Auch Kinder mögen Marienkäfer gern. An den Punkten und der Farbe erkennt man, zu welcher Art der Marienkäfer gehört.

**Bei Gott sind auch die Kleinen wichtig.**

# Schneckenschleim

Schnecken hinterlassen Schleim. So fällt es ihnen leichter, sich zu bewegen. Sie können auch einer alten Schleimspur folgen, um leckeres Essen zu finden. Für den Winterschlaf legen sie sich in ein Loch. Dann verkriechen sie sich in ihr Schneckenhaus und decken den Eingang zu, damit keiner sie stört. Schlafenszeit!

**Die Schnecke trägt ihr Haus auf dem Rücken. Weißt du, wo Gott wohnt? In den Herzen der Menschen. Aber nur, wenn sie ihn einladen. Möchtest du Gott in dein Herz einladen?**

# Von der Raupe zum Schmetterling

Wusstest du, dass die Raupe und der Schmetterling dasselbe Tier sind? Die Raupe sieht aus wie ein Wurm mit Beinen und verschlingt Blätter ohne Pause. Wenn sie ausgewachsen ist, verpuppt sie sich – ein fester Kokon entsteht um sie herum. Jetzt muss sie warten. Nach ein paar Wochen hat sich die Raupe in einen Schmetterling verwandelt!

**Wenn wir unser Leben Jesus anvertrauen, verändert er uns. Wir werden ihm jeden Tag ein bisschen ähnlicher.**

# Poolparty

Nilpferde verbringen fast den ganzen Tag im Wasser. Nachts gehen sie raus, um Gras zu fressen. Obwohl sie so riesig sind, sind sie gute Schwimmer. Nilpferde können ihre Nasenlöcher schließen und bis zu sechs Minuten tauchen. Manchmal ist ihr Maul ganz weit geöffnet. Aber pass auf! Das heißt, dass sie sauer sind! Obwohl sie nur Pflanzen fressen, darf man Nilpferden nicht zu nahe kommen.

**Wenn du sauer bist, darfst du das Jesus erzählen. Er versteht dich.**

# Der Riese und seine Wächter

Das Horn der Nashörner besteht aus Haaren, die zusammenkleben und ganz hart werden. Nashörner lassen Vögel auf ihrem Rücken reiten. Die Vögel stören sie nicht, sie helfen den Nashörnern sogar. Die Rotschnabel-Madenhacker fressen nämlich Insekten, die die Nashörner sonst ärgern würden. Ihre kleinen Freunde warnen sie sogar, wenn ihnen Gefahr droht, denn Nashörner können nicht gut sehen.

**Gott freut sich, wenn Menschen friedlich zusammenleben.**

# Mama passt gut auf

Mama Krokodil baut ein Nest am Ufer des Flusses oder des Sumpfes, wo sie lebt. Dann legt sie mehrere Eier in das Nest. Sie verdeckt es mit Schlamm und Lehm. Papa Krokodil geht weg, aber Mama bleibt. Sie passt auf, dass sich keiner ihren Eiern nähert. Nach mehreren Wochen schlüpfen kleine Krokodilbabys. Ihre Mama kümmert sich gut um sie und trägt sie in ihrem Maul vorsichtig zum Wasser.

**Wie die Krokodilmutter bei ihren Kindern bleibt, lässt auch Gott dich nie allein.**

54

# Mädchen-Club

In einer Elefantenherde sind nur weibliche Elefanten und ihre Kinder. Sie sind miteinander verwandt, Schwestern, Tanten, Cousinen, Omas. Die älteste Elefantendame leitet die Gruppe. Sie entscheidet, wann sie essen, sich ausruhen oder ein Bad nehmen. Und die männlichen Elefanten? Die Elefantenjungen leben mit ihren Geschwistern zusammen, aber wenn sie erwachsen sind, leben sie allein.

**Wie die Elefanten brauchen auch wir Menschen jemanden, der uns leitet. Gott möchte dies gern tun. Er kennt den besten Weg für uns.**

# Praktische Streifen

Zebras haben ein weißes Fell mit schwarzen Streifen.
Obwohl die Streifen sehr auffällig sind, helfen sie ihnen bei
der Tarnung. Von Weitem kann man sie nämlich zwischen
den Gräsern in der Steppe nicht gut erkennen. Wenn
Zebras als Herde zusammenstehen, sind Raubtiere schnell
verwirrt. Weil Zebras so gute Augen haben, können sie
gefährliche Tiere von Weitem sehen und weglaufen. Wenn
du genau hinsiehst, entdeckst du, dass jedes Zebra ein
anderes Muster hat.

**Wie die Zebras ist jeder Mensch
einzigartig.**

# Laufende Wasserspeicher

Ein Kamel mit einem Höcker nennt man Dromedar und mit zwei Höckern heißt es Trampeltier. In den Höckern haben die Kamele Fettreserven. So können sie ohne Essen lange überleben. Sie schwitzen kaum und schaffen es, bis zu fünf Tage nicht zu pinkeln. Kamele können 100 Liter Wasser in einer Viertelstunde trinken! Das Wasser speichern sie in ihren drei Mägen.

**Ohne Wasser trocknet alles aus. Genauso vertrocknet fühlen wir uns innerlich ohne Gott.**

61

# Ein dritter Arm

Es gibt viele unterschiedliche Affenarten. Manche von ihnen haben einen Greifschwanz, den sie wie einen dritten Arm benutzen. Damit können sie zum Beispiel Blätter und Früchte greifen, an Lianen schwingen oder sich von einem Ast runterhängen lassen. Viele Affen sind sehr schlau. Sie leben in großen Gruppen und können sich sogar miteinander unterhalten. Affen springen mutig von Baum zu Baum, weil sie mit ihrem Schwanz überall Halt finden.

**Du kannst mutig Neues wagen, denn Gott ist bei dir.**

# Wo bist du, Chamäleon?

Chamäleons können ihre Farbe wechseln. Sitzen sie vor grünen Blättern, werden sie grün. Vor braunen Ästen werden sie braun. Sie bewegen sich nur sehr langsam zwischen den Zweigen, damit keiner sie entdeckt. Chamäleons können mit einem Auge nach vorne gucken, während das andere nach hinten schaut. Ihre klebrige Zunge fängt blitzschnell Fliegen.

**Wir Menschen können Gott nicht sehen. Aber wir wissen, dass er trotzdem da ist.**

# Nanu, wer sitzt denn da im Beutel?

Das Känguru ist das größte Beuteltier. Es ist fast so groß wie eine Tür! Seinen starken Schwanz benutzt es, um mehr als neun Meter weit zu springen. Würde es hinter einem Müllwagen abspringen, könnte es davor wieder landen! Wenn ein Känguru geboren wird, ist es nur so groß wie ein Gummibärchen. Darum wohnt es neun Monate lang in dem Beutel am Bauch der Mutter. Dort ist es warm und gemütlich.

**Wenn wir ganz nah bei Gott sind, geht es uns gut.**

# Ich liebe Eukalyptus!

Koalas sind Beuteltiere wie die Kängurus. Aber sie sind kleiner und pummeliger. Sie sehen aus wie graue Teddybären mit schwarzer Nase. Koalas leben in Bäumen und lieben Eukalyptus. Diese Pflanze ist für die meisten Tiere giftig, aber nicht für Koalas. Koalababys wachsen bei ihrer Mama im Beutel auf. Wenn sie nicht mehr in den Beutel passen, trägt die Mama sie auf dem Rücken.

**Wilde Tiere wissen, was gut für sie ist. Wir Menschen können in der Bibel lesen, was gut für uns ist und was uns schadet.**

# Pass auf,
## ich pikse!

Der Igel frisst gerne Insekten, Würmer und kleine Schnecken.
Er läuft ganz entspannt durch den Wald oder über Felder, denn er
hat keine Angst vor Füchsen oder Adlern. Bei Gefahr rollt er sich zu
einer Stachelkugel zusammen. Wenn jemand versucht, ihn zu
beißen, wird er in die Nase gepikst! Igel leben am liebsten allein.

**Es ist schwer, Freunde zu haben,
wenn man so stachelig ist!
Hast du schon einmal jemandem
wehgetan? Wenn du dich
entschuldigst, freut sich Gott.**

# Zuhause
## unter der Erde

Maulwürfe haben ein dunkles Fell und großе Hände mit starken Krallen. Damit buddeln Maulwürfe Tunnel unter der Erde wie mit einer Schaufel. Sie haben winzige Augen und können nicht gut sehen. Aber das macht nichts. Im dunklen Tunnel muss man auch nicht gut sehen können, stimmt's? Dank der Tasthaare an ihrer Nase wissen Maulwürfe trotzdem, wo's langgeht!

**Manchmal erscheint uns die Welt ganz dunkel, wenn schlimme Sachen passieren. Aber Gott schenkt uns Freude und lässt uns wieder fröhlich sein.**

# Hilfreiche Stoßzähne

Walrosse sind sehr schwer. Ein Walross wiegt ungefähr so viel wie drei Pferde. Walrosse haben sehr lange Stoßzähne. Bei Walrossbullen werden sie bis zu einem Meter lang, bei Weibchen sind sie kürzer. Mit den Stoßzähnen halten sie sich am Eis fest, wenn sie aus dem Wasser steigen, sie hauen Löcher in das Eis oder kämpfen mit Eisbären.

**Jeder Mensch hat ein besonderes Merkmal. Walrosse haben sehr lange Stoßzähne. Welches Merkmal hat Gott dir gegeben?**

# Verrückt nach Honig

Der Braunbär ist eins der größten Tiere der Welt. Er ist zwar ein Fleischfresser wie der Wolf, aber er mag auch Pflanzen. Er frisst zum Beispiel gerne Blätter, Beeren und Pilze. Am liebsten mag er jedoch Honig. Im Winter hält er Winterruhe. Das ist fast wie Winterschlaf, aber bei Gefahr wacht der Bär ganz leicht auf.

**Braunbären lieben den süßen Honig. Gott gibt uns viele schöne Dinge, damit wir sie genießen.**

# Willst du mit mir spielen?

Otter sind schlank und flink. Sie leben am Flussufer. Otter können den ganzen Tag miteinander spielen. Sie bauen sich Rutschen, um schneller ins Wasser zu kommen. Aber sie lieben es auch, in der Sonne zu liegen. Mit ihren Schnurrhaaren spüren sie im Wasser, wenn sich Fische oder Frösche bewegen. Dann können sie diese leichter fangen.

Was ist dein Lieblingsspiel? Gott schenkt dir Freunde, damit das Spielen noch mehr Spaß macht! Juhu!

# Am Strand geschlüpft

Meeresschildkröten leben ihr ganzes Leben lang im Wasser. Sie können lange und weit schwimmen. Trotzdem werden sie auf dem Land geboren. Die Mamaschildkröte schwimmt meistens an den Strand, an dem sie selbst geboren wurde. Dort buddelt sie ein Nest in den Sand. Dann legt sie Hunderte Eier hinein. Wenn die Babyschildkröten schlüpfen, laufen sie sofort zum Wasser.

**So wie die kleinen Meeresschildkröten Sehnsucht nach dem Wasser haben, weil es ihnen nur dort gut geht, haben Menschen Sehnsucht nach Gott.**

# Das größte Tier der Welt

Der Blauwal wird größer als zwei Reisebusse und wiegt sogar so viel wie zehn Busse. Obwohl er so riesig ist, ist er sehr friedlich. Man findet ihn in allen großen Meeren dieser Welt. Blauwale ernähren sich von winzigen Tierchen, die man Krill nennt. Sie haben keine Zähne, sondern eine Art Fäden im Mund, die aussehen wie ein Kamm. Daran bleibt der Krill kleben.

**Gottes Liebe ist noch viel größer als ein Blauwal.**

# Sänger unter Wasser

Delfine sind keine Fische, sondern Säugetiere.
Ihre Babys wachsen im Bauch der Mama wie
du und später trinken sie Milch bei ihr. Sie
müssen immer wieder auftauchen, um Luft zu
schnappen, weil sie unter Wasser nicht atmen
können. Wenn ein Baby geboren wird, helfen
die anderen Delfine ihm die ersten Male dabei,
an die Wasseroberfläche zu schwimmen.
Delfine leben im Meer. Sie reden miteinander,
indem sie pfeifen, rufen oder singen.

**Welches Lied singst du am liebsten?
Kennst du ein Kinderlied,
das von Gott erzählt?**

# Alles in Zeitlupe

Faultiere hängen fast den ganzen Tag in Bäumen herum und schlafen. Sie klettern nur den Baum herunter, wenn sie mal müssen. Diese Dschungeltiere bewegen sich so langsam, dass Algen in ihrem Fell wachsen! Mit ihren langen Krallen können sie sich gut festhalten und verteidigen.

**Als Gott die Welt gemacht hat, ruhte er sich danach aus. Damit wir Menschen nicht vergessen, eine Pause zu machen, gibt es einen freien Tag in der Woche – weißt du, welcher das ist?**

# Fleißige Arbeiterinnen

Bienen teilen sich die Arbeit im Bienenstock. Die Bienenkönigin legt die Eier, aus denen Bienenbabys schlüpfen. Arbeitsbienen kümmern sich um die Eier und füttern die anderen Bienen mit Honig und Pollen. Sie bauen Waben aus Wachs und passen auf, dass keine Eindringlinge reinkommen. Und sie fliegen zu Blumen und Blüten, um Pollen und Nektar zu sammeln.

Jede Biene hat
eine wichtige Aufgabe.
Hast du auch eine Aufgabe?
Du kannst Gott
eine Freude machen,
wenn du dir dabei
Mühe gibst.

89

Willst du **Verstecken** spielen?

Der Oktopus hat einen großen Kopf und acht Tentakel mit vielen Saugnäpfen. Damit kann er sich überall festkleben. Diese Meerestiere sind sehr schlau. Sie können sogar ein Glas aufschrauben, wenn darin etwas zu essen ist. Und sie können ihre Farbe so ändern, dass sie aussehen wie der Hintergrund.

Hättest du gedacht, dass Oktopusse sich so gut verstecken können? Gut, dass wir uns vor Gott nicht zu verstecken brauchen. Wenn wir etwas Böses getan haben, vergibt er uns gerne, weil er uns so lieb hat.

Hasen haben lange Ohren. Mit ihnen hören sie schon von Weitem, wenn sich Raubtiere anschleichen. Sie haben auch sehr gute Nasen und Augen. Hasen können sehr weit springen und blitzschnell weglaufen. Manche Tiere haben bei der Geburt kein Fell, aber Hasenbabys schon. So müssen sie nicht bei der Mama bleiben, sondern können sofort weglaufen, wenn ein Fuchs kommt. Sie leben nämlich nicht unter der Erde, sondern in einem flachen Nest auf dem Boden.

**Wenn du deine inneren Ohren spitzt, kannst du Gott reden hören.**

# Hühner wissen, wer der Chef ist

Im Hühnerstall gibt es einen Chef-Hahn und eine Chef-Henne. Wichtigere Hühner hacken auf den anderen herum und dürfen zuerst das Futter aufpicken. Erst danach fressen die anderen Hühner. Das nennt man Hackordnung.

Gott ist der Chef der ganzen Welt. Er ist viel wichtiger als wir – aber Gott hackt nicht auf uns herum! Weil er die Menschen so sehr liebt, ist er selbst Mensch geworden.

# SCM

**Stiftung Christliche Medien**

SCM ist ein Imprint der SCM Verlagsgruppe, die zur Stiftung Christliche Medien gehört, einer gemeinnützigen Stiftung, die sich für die Förderung und Verbreitung christlicher Bücher, Zeitschriften, Filme und Musik einsetzt.

Die automatisierte Analyse des Werkes, um daraus Informationen insbesondere über Muster, Trends und Korrelationen gemäß § 44b UrhG („Text und Data Mining") zu gewinnen, ist untersagt.

3. Auflage 2025

© der deutschen Ausgabe 2022
SCM Verlag in der SCM Verlagsgruppe GmbH
Max-Eyth-Straße 41 | 71088 Holzgerlingen
Internet: www.scm-verlag.de; E-Mail: info@scm-verlag.de

Originally published in Spanish under the title:
*Maravillas del mundo animal*
© Copyright GEMSER PUBLICATIONS S.L., 2019
C/ Castell, 38; Teià (08329) Barcelona, Spain (World Rights)
Tel: 93 540 13 53, E-mail: merce@mercedesros.com
Website: www.gemserpublications.com
Author: Alejandro Algarra
Illustrator: Frank Endersby

Übersetzung: Daniela Anochin und Christiane Kathmann
Satz: Katrin Schäder, Velbert
ISBN 978-3-417-28962-6
Bestell-Nr. 228.962